APPEL DU CLERGÉ

AU

TRIBUNAL DE L'OPINION PUBLIQUE

DEVANT

LA LIBRE-PENSÉE, LA RAISON, LA FOI

CONFÉRENCE

PAR

M. l'abbé THOLON, ancien principal.

> Le catholicisme n'est pas l'ennemi; il est au contraire l'ami, le guide infaillible et le grand bienfaiteur de l'humanité.

PARIS

RENÉ HATON, RUE BONAPARTE, 33,
et les principaux libraires

1879

APPEL DU CLERGÉ

AU

TRIBUNAL DE L'OPINION PUBLIQUE

DEVANT

LA LIBRE-PENSÉE, LA RAISON, LA FOI

CONFÉRENCE

PAR

M. l'abbé **THOLON**, ancien principal.

> Le catholicisme n'est pas l'ennemi; il est au contraire l'ami, le guide infaillible et le grand bienfaiteur de l'humanité.

PARIS

RENÉ HATON, RUE BONAPARTE, 33,

et les principaux libraires

1879

APPEL DU CLERGÉ

AU TRIBUNAL DE L'OPINION PUBLIQUE

DEVANT

LA LIBRE-PENSÉE, LA RAISON ET LA FOI

Prêché à Paris par M. l'abbé THOLON, ancien principal.

Nolite tangere christos meos et in prophetis meis nolite malignari (Ps. 104, 15).

Un cri parti de l'enfer a retenti jusque dans notre monde officiel : *Le clergé, voilà l'ennemi*. Mais tout ce qu'il y a d'intelligences honnêtes au monde a répondu : *Respect au clergé* ; et souvent aussi la voix du ciel s'est fait entendre, pour nous ramener au devoir de respect et de confiance envers le sacerdoce. *Nolite tangere christos meos*, a dit l'Esprit saint dans l'Ecriture ; *honorifica sacerdotes* (Eccl. 7,); *qui vos audit me audit, qui vos spernit me spernit* (Luc, 10). Respect aux oints du Seigneur.

C'est une des leçons que Marie, la *divine messagère*, nous donne à tous, dans son apparition à Lourdes, lorsqu'elle recommande à la pieuse voyante d'aller se présenter chez son pasteur, comme autrefois Jésus-Christ envoyait les lépreux guéris se montrer aux prêtres ; lorsqu'elle dit à cette jeune vierge : *Allez annoncer aux prêtres qu'il faut me construire ici un sanctuaire, et y venir prier en foule ;* quand elle approuve, par ses paroles et par une déclaration formelle, la décision pontificale qui venait de la proclamer immaculée : *Je suis l'immaculée Conception*, a-t-elle dit ; sanction vraiment divine, donnée à l'autorité ecclésiastique, qui tout récemment lui avait décerné ce nouveau titre de gloire.

Sans doute, la céleste protectrice de l'Église prévoyait que, dans ce temps de dénigrement et d'irrévérence universels, le clergé serait bientôt en butte aux invectives de l'enfer, à des vexations de toute espèce ; et elle a voulu prémunir les âmes fidèles contre un si grand scandale. Nous devons, sous cette inspiration d'en haut, nous instruire et nous affermir dans le respect, la confiance et l'amour envers le sacerdoce catholique. Il s'agit non-seulement de notre édification personnelle, mais aussi de l'honneur du drapeau, sous lequel nous marchons depuis dix-huit siècles ; il s'agit de nous mettre en état de répondre aux attaques de l'erreur ou de la malveillance. Considérons donc le clergé au point de vue de la *libre-pensée*, de la *droite raison* et de la *foi*.

Le sacerdoce mérite-t-il les reproches que lui prodiguent les impies, *sous le nom de libres-penseurs ?*

Le sacerdoce est-il vraiment nécessaire et utile dans le monde, *aux yeux de la raison ?*

Le sacerdoce est-il revêtu d'une dignité bien-respectable dans l'Église, *aux yeux de la foi ?*

Trois questions graves et d'une actualité palpitante.

I

QU'EST-CE DONC QUE LA LIBRE-PENSÉE REPROCHE AU CLERGÉ CATHOLIQUE ?
CES REPROCHES SONT-ILS FONDÉS ?

On vous reproche, âmes pieuses consacrées à Dieu, ministres des autels, religieux de tous ordres, on vous reproche de vous être tellement attachés à la religion et séparés du monde, que vous n'êtes plus ni de votre pays, ni de votre siècle !

Dans la vie spéculative des idées, nous ne sommes pas à la hauteur des sciences, nous sommes des arriérés, contraires à l'esprit et au libéralisme modernes, partisans dévoués de l'ancien pouvoir absolu et du *Syllabus.*

Dans la vie civile, nous faisons de la politique ; nous voudrions tout dominer, tout accaparer; nous vivons dans une opulence peu chrétienne, et nous préférons Rome à notre patrie elle-même.

Dans la vie morale, le clergé est loin d'avoir la sainteté en partage ; il renferme au contraire des abus et des scandales énormes; il est consommateur, paresseux et parasite, sans rien produire pour la société.

Messieurs, il faudrait des volumes pour réfuter convenablement tant de préventions injustes, tant d'accusations fausses et de mauvaise foi. Disons seulement un mot de réponse péremptoire à chacun de ces griefs.

1º *Dans la vie spéculative, nous ne sommes pas à la hauteur des sciences.*

Cependant, chose étonnante! dans tous les concours publics, nos jeunes élèves, les élèves des Frères, des Jésuites, des établissements ecclésiastiques, remportent les prix et les premières places sur les pensions laïques. — Quant à l'enseignement supérieur, le père Secchi, jésuite, qui vient de mourir à Rome, passait généralement pour l'astronome le plus distingué de notre époque ; le modeste et savant abbé Moigno peut bien entrer en parallèle avec le brillant idéologue Flammarion; et qui donc refuserait la palme de l'éloquence à l'illustre conférencier de Notre-Dame, vis-à-vis nos plus fameux orateurs de la tribune officielle? Le nom même de *clercs* que nous portons signifie *savoir;* et, l'histoire à la main, il est prouvé que c'est le clergé qui a sauvé les lettres et les arts, et fait progresser toutes les sciences.

Nous sommes *contraires à l'esprit et au libéralisme modernes, prôneurs du pouvoir absolu et du Syllabus.* — C'est-à-dire que nous nous efforçons de concilier ensemble la *liberté* et l'*autorité*, ces deux pivots, ces deux pôles opposés sur lesquels roule tout le monde moral, ces deux puissances qui se disputent l'empire, et dont l'accord est indispensable à l'ordre et au bonheur de la société. Les classes supérieures, voulant briller et dominer, glissent quelquefois dans les abus du despotisme. Les classes populaires veulent s'affranchir du joug, et tombent dans la licence et la révolte. Entre les deux, que fait le clergé ? Il intervient par son ministère de *charité*, de paix et de conciliation. Il réprouve également les excès d'autorité et de liberté, le despotisme et la licence, l'antique esclavage et les révolutions modernes. A tous les supérieurs, il montre avec tact et délicatesse les charmes de la vertu, de la bonté, d'une charitable condescendance ; aux classes inférieures, il rappelle avec douceur les avantages précieux de la résignation, de l'obéissance, d'un noble dévouement ; à tous il prêche les devoirs réciproques de charité les uns envers les autres et, ainsi, il réalise cet accord si désirable, cet harmonieux accord de l'*autorité* et de la *liberté* qui doit faire le bonheur public. N'est-ce pas l'Église qui a condamné, aboli l'ancien esclavage et, de nos jours, la traite des noirs ? Les prêtres ne sont-ils pas les disciples et les adorateurs de ce Christ, *fils de l'ouvrier*, qui a sanctifié le travail et appelé à lui les classes populaires ? Est-ce donc là réprouver absolument le libéralisme, prôner le despotisme, méconnaître l'esprit moderne ? Nous aimons également la liberté et l'autorité, et ne repoussons que les abus de l'une et de l'autre.

Or, le *Syllabus romain*, que l'on calomnie sans le comprendre, se résume dans ces idées simples et salutaires : *autorité sage, sage liberté, charité entre les deux*, pour les concilier ensemble. Autorité, liberté, charité, viennent également de Dieu, source primordiale de tout don parfait. Le *Syllabus* n'est pas plus ennemi de la république que de la monarchie ; il est avant tout catholique, c'est-à-dire universel ; ce qui veut dire que le catholicisme est apte à faire le bien partout, chez toutes les nations, avec tous les gouvernements, aux États-Unis de l'Amérique républicaine, comme dans les États les plus absolus de notre Europe septentrionale. Ne prenant que le côté spirituel des choses, le catholicisme est vraiment le meilleur ami de l'humanité, le plus sage conseiller des rois et des peuples, sympathique à toute société régulière, démocratique ou monarchique : tel est le *Syllabus*.

2° *Dans la vie civile, nous faisons de la politique.* — Je réponds : généralement non, nous n'en faisons pas. Notre royaume n'est pas de ce monde, a dit Jésus-Christ ; nous reconnaissons bien volontiers, avec le pape Gélase et ses successeurs, la distinction des deux pouvoirs, ainsi que leur indépendance réciproque. Voilà notre politique. — Mais je réponds aussi que nous avons droit d'en faire, comme tout autre homme ; et nos adversaires doivent en convenir. Ministres de Dieu dans l'ordre spirituel, nous ne sommes pas moins citoyens dans l'ordre temporel ; nous supportons les charges de l'État et payons l'impôt comme les autres. Puisque nous remplissons nos devoirs de citoyens, pourquoi nous exclure des droits sociaux, que l'on reconnaît au dernier des pâtres? En devenant prêtres, avons-nous encouru la mort civile?

Eh quoi? la révolution vient tout bouleverser chez nous; troubler notre enseignement, notre hiérarchie, notre discipline; s'emparer des biens du clergé; chasser ou séquestrer prêtres, évêques, pontife suprême; soulever la presse et ameuter l'opinion contre nous; et si nous élevons un peu la voix pour nous défendre, on nous fermera la bouche, en nous disant : C'est un abus, vous faites de la politique ! Hélas! nous y sommes bien forcés quelquefois, par le droit de légitime défense.

Du reste, quand nous avons fait de la véritable politique, le monde ne s'en est pas mal trouvé. Certes, l'abbé Suger, saint Bernard, Richelieu, Mazarin, Fleury, ne furent pas des ministres ni des hommes d'État sans valeur; ils firent la France grande et belle ; et aujourd'hui nous aurions grand besoin de leurs lumières et de leur génie.

Nous voulons tout dominer, soumettre la société aux lois de l'Eglise, faire prévaloir nos doctrines sur les idées modernes. —Oui, c'est vrai, dans *l'ordre spirituel;* nous travaillons à étendre le règne de Jésus-Christ sur les âmes; Pilate lui-même ne s'en effrayait pas. Nous nous efforçons de prévaloir sur les consciences par la vérité, par la foi et l'amour, par tous les dévouements; tous les jours nous formons ce vœu et cette prière : *Adveniat regnum tuum, Seigneur, que votre règne arrive.* Bien mieux, nous désirons porter cette juste suprématie jusqu'aux extrémités de la terre, dans vos maisons, jusqu'au fond de vos âmes. Ce serait votre salut, votre bonheur; voilà notre ambition, notre devoir; voilà notre lot : *Da mihi animas, cætera tolle tibi* (Gen., xiv, 21), donnez-nous les âmes, et prenez tout le reste ; prenez les honneurs, les places, les richesses, les plaisirs, les biens de la terre. Tout cela nous est bien inférieur, puisque notre amour et nos espérances sont pour le ciel. Nous cherchons avant tout le royaume de Dieu; le reste n'est qu'accessoire : *Quærite primum regnum Dei, cætera adjicientur vobis* (Matth., vi, 33).

Le clergé accapare les héritages, accumule les richesses, devient opulent ; il élève des palais somptueux pour ses écoles et ses œuvres diverses.

Le clergé est riche, dites-vous. Si cela était, vous ne devriez pas vous en plaindre, ô fils de la révolution et de la libre-pensée ; car lorsque le moment pour vous est venu, vous savez parfaitement dépouiller le clergé de ses biens, et le ramener à ce que vous appelez sa simplicité primitive ; et vous savez bien aussi trouver des termes euphoniques, afin de colorer ces iniques spoliations : on ne dit pas voler, mais incamérer, séculariser, séparer l'Église de l'État. Pourquoi vous plaindre des richesses du clergé? L'Église n'a-t-elle pas été la caisse d'épargne de vos révolutions? On a pris à l'Eglise de France des biens considérables, dont l'État ne lui paie pas un tiers des revenus.

Ah ! si le clergé était riche comme il l'a été, nous vous verrions comme autrefois diriger vos enfants vers la carrière ecclésiastique, assiéger les portes du sanctuaire, vous y introduire à temps et à contre-temps. Vous n'y venez plus aujourd'hui, vous vous détournez de la vocation sainte;

c'est que l'Eglise vous paraît en réalité une terre déserte et une source tarie. Ne dites donc pas que le clergé est riche ; il n'y a pas de fonctionnaire public qui ne soit mieux rétribué que lui. — Du reste, s'il possède quelque chose, son patrimoine lui vient de ses épargnes, de son labeur, de ce que lui donnent les âmes charitables qui ont confiance en lui, de ce que lui laissent les bons prêtres ; jamais par spéculations hasardeuses ou déshonnêtes. Trouvez donc une origine aussi honorable aux fortunes de nos jours. — Plus honorable encore est l'emploi que le clergé fait de ses économies ; il s'en sert pour nourrir les pauvres, les vieillards, les malades ; pour élever les enfants qui se destinent au sacerdoce ; pour recueillir les orphelins ; pour commencer des fondations de bienfaisance admirables, qui excitent ensuite la générosité des fidèles ; enfin pour mille bonnes œuvres qu'il serait trop long d'énumérer. Les économistes ont calculé que le budget de la charité, en France, était au moins équivalent au budget de l'État.

Enfin nous préférons Rome à notre patrie elle-même. — Rome est notre patrie spirituelle ; l'Eglise est la patrie de nos âmes, puisque nous sommes prêtres et membres de la grande société catholique. Mais comme membres de la société civile, nous ne méconnaissons pas, nous ne dédaignons pas notre patrie temporelle ; nous l'aimons, nous la servons fidèlement, nous lui avons prouvé notre dévouement dans toutes les circonstances. Le Maître nous a appris qu'il faut rendre à César ce qui est à César, et à Dieu ce qui est à Dieu.

3° On attaque encore le clergé dans sa vie morale, dans sa conduite, dans sa vertu ; il est loin d'avoir la sainteté en partage ; il renferme dans son sein des abus et des scandales. — Qui donc nous attaque ainsi ? Qui nous accuse de péché ? Qui lève la main contre nous ? Serait-ce des personnes qui méritent confiance, des âmes honnêtes, des hommes éclairés et irréprochables ? Ne serait-ce pas plutôt les puritains de la révolution et du radicalisme, les partisans de la morale libre et indépendante, les viveurs du jour ? Qui nous accuse ? C'est ce libertin qui jette le trouble dans sa famille et scandalise le pays qui l'a vu naître ; c'est cet ouvrier cosmopolite, qui ne trouve jamais du travail à son gré et passe sa vie dans la débauche ; c'est un nouveau parvenu, qui voudrait couvrir de fleurs une fortune mal acquise et se rassurer lui-même, en inculpant les autres ; c'est peut-être une pauvre âme égarée, qui cherche à étouffer ses remords, à justifier ses désordres ; c'est surtout un journalisme vénal qui vend sa rédaction menteuse au plus offrant. *Mentez hardiment,* disait Voltaire, *il en reste toujours quelque chose ;* et ils mentent sans vergogne, les voltairiens, contre l'Église qui souvent les a nourris.

Cela n'empêche pas le clergé d'être la classe la plus digne de respect dans la société. *Car elle est sainte, l'Église catholique ;* et c'est une de ses marques distinctives dont elle s'honor   . Elle est sainte dans son chef, Jésus-Christ, source de tout   sainteté ;   te dans ses élus, dans son sacerdoce, dans ses ordres r   ieux, d'où déc ulent tant de nobles exemples et tant de vertus héroïques; sainte dans ceux de ses membres qui lui sont véritablement unis par une communion de grâce et de justice. Il est saint le clergé, il est vénérable et sage le sacerdoce, dans ses enseignements, dans sa morale plus pure que toute philosophie, dans ses pratiques pleines de foi, de grandeur, d'espérance. N'est-ce pas lui qui a produit ces légions d'amis de Dieu et de l'humanité : les Fénelon, les saint Vincent de Paul, les saint François de Sales? Une bouche infaillible l'a dit depuis longtemps : *le clergé est le sel de la terre*, un sel conservateur qui préserve de la corruption, un sel qui se conserve lui-même, et conserve la pureté des mœurs parmi les fidèles.

Ah ! si parfois nous avons à déplorer, dans nos rangs, des défaillances et des chutes qui font couler nos larmes, elles sont rares et toutes personnelles; c'est une exception qui ne peut retomber sur le corps entier du clergé; triste apanage de la faiblesse humaine. Pour la faute de quelques membres épars, faut-il incriminer tout une famille? Qu'est-ce que cela, à côté des trésors de vertu et de dévouement qui nous honorent? Parce qu'il y a des taches dans le soleil, a-t-il cessé d'être le glorieux flambeau de l'univers? et pour quelques taches qui s'aperçoivent dans le clergé, vous voudriez qu'il ne fût plus la lumière du monde? Le chêne, roi des forêts, a-t-il perdu sa majesté, parce que des feuilles mortes ont été emportées par l'orage ? La trahison de Judas a-t-elle rejailli sur tout le collége apostolique ?

Du reste ces faiblesses, quelquefois scandaleuses, que l'on reproche à certains ministres des autels, d'où viennent-elles? Ont-elles leur première origine dans le sanctuaire et dans le sacerdoce ? N'ont-elles pas pris naissance dans des fréquentations trop suivies avec le monde ? En pansant vos blessures, ils ont contracté le mal qui les tue, comme cela arrive aux médecins dans les maladies dangereuses; en essayant de vous purifier de votre lèpre, ils s'en sont eux-mêmes souillés. Vous êtes cause de leur malheur, vous n'avez donc point de reproches à leur faire.

Voilà ce que l'on dit contre le clergé et le sacerdoce catholique; et l'on dit bien d'autres choses encore, tout ce que l'on peut inventer pour le décrier, tout ce que l'on disait contre notre divin Maître. *Est il vrai du moins que le clergé soit une bouche inutile, un consommateur parasite, qui ne produit rien?* — Ceux qui lui font ce reproche connaissent bien peu l'histoire du passé, et ne voient pas le présent. *Nous sommes des travailleurs infatigables*, dans l'ordre de l'idée, de la parole et de la charité ; les bibliothèques sont peuplées de nos ouvrages, et le proverbe dit : *travailler comme un bénédictin*. Matériellement nous travaillons aussi, chacun selon notre emploi. Qui se lève plus matin que nous? qui a mieux proscrit la paresse ? Nos trappistes fécondent les terrains incultes; nos religieuses s'occupent si bien aux travaux de leur sexe, que le laïcisme redoute publiquement leur concurrence. L'Église est laborieuse, elle travaille et fait travailler, mieux que personne ; elle fournit au monde le double aliment de la vie spirituelle et de la vie corporelle. Non, le clergé n'est pas inutile; c'est ce que nous allons voir mieux encore dans la question suivante (1).

II

NÉCESSITÉ ET UTILITÉ DU SACERDOCE DANS LE MONDE, AUX YEUX
DE LA RAISON ET DU BON SENS.

On dit : à quoi bon le prêtre dans le monde ? Les prêtres ne sont bons qu'à l'Église. A quoi sert le clergé, le sacerdoce catholique, le ministère pastoral au milieu de nous ?

C'est comme si l'on disait : à quoi bon la bienfaisance et la charité ? à quoi bon la vérité et la lumière ? à quoi bon la conservation des principes qui font l'ordre, la paix, le bonheur de la société ? car le sacerdoce est tout cela : *conservateur de la civilisation, lumière du monde, bienfaiteur de l'humanité.*

Vous dites : à quoi sert le clergé catholique dans le monde ? Eh quoi ! ne l'avez-vous pas déjà compris ? Le clergé est le premier *conservateur*, le gardien fidèle de tout ce qu'il y a de plus sacré et de plus salutaire, de plus utile et de plus nécessaire au monde; *conservateur* des saines croyances et des bonnes mœurs; *conservateur* invariable des principes qui sont les bases fondamentales de la civilisation.

Sur quoi se fonde une civilisation ? Sur trois principes essentiels : la *religion*, la *famille*, la *propriété*; et d'abord sur le principe religieux.

On n'a jamais vu aucun peuple *sans Dieu, sans religion*, sans un culte quelconque. N'est-ce pas un devoir pour tout homme comme pour toute société, n'est-ce pas un besoin général de recourir à un être supérieur, de demander son secours dans les calamités de la vie, de le remercier de ses bienfaits, d'implorer sa clémence et son pardon sur nos défaillances, de lui offrir nos hommages d'adoration et d'amour? Dieu n'a pas besoin de nous; c'est nous qui avons besoin de lui, à chaque instant; la religion est une nécessité de notre nature. Sans principe religieux, la civilisation manque de base, de soutien ; elle est assise sur le sable et cède au premier souffle de la tempête.

Point de société sans religion; mais aussi point de religion sans prêtre. Toute religion vraie ou fausse a nécessairement des ministres ; le catholicisme a ses prêtres et ses pontifes, le judaïsme ses rabbins, les Grecs ont leurs popes, nos ancêtres les Gaulois avaient leurs druides, les anciens Romains avaient des aruspices et des sacrificateurs. Lorsque le prêtre disparaît la religion tombe et la société, profondément troublée, est sur le penchant de l'abîme. Nous en avons des preuves récentes, sous le règne de la Terreur et sous le régime de la dernière Commune.

(1) Voir l'Instruction pastorale de Mgr Bourret, évêque de Rodez. (*Enseignement catholique*, t. XXVI, p. 414.)

Nos prêtres persécutés avaient fui en exil, ou se cachaient, ou étaient mis à mort. En même temps la religion éplorée avait fui avec eux, les temples étaient fermés ou profanés, le peuple se ruait dans tous les désordres de l'anarchie. Ah! lorsque les ministres de la religion sont obligés de fuir, ils peuvent bien dire à leurs concitoyens, comme Jésus-Christ aux femmes de Jérusalem qui le suivaient dans la voie doulou-reuse du Calvaire : Ne pleurez pas sur moi, pleurez plutôt sur vous et sur votre malheureuse patrie. Donc sans prêtre point de religion, sans religion pas de société véritable.

Le second principe fondamental de la civilisation, *c'est la famille*. Sans la famille, il n'y a pas de lien entre les hommes, pas d'éducation domestique, point de fraternité ; une indifférence générale les uns envers les autres, l'égoïsme et l'individualisme engendrent fatalement une complète dissolution. La civilisation la plus robuste ne pourrait longtemps résister à la ruine de la famille et de son principe. Or, n'est-ce pas le sacerdoce catholique qui a gravé dans les cœurs le respect de la famille, la sainteté du serment conjugal, la piété filiale des enfants, le devoir de l'éducation paternelle et la religieuse tendresse de la mère? N'est-ce pas lui qui, en élevant le mariage à la dignité de sacrement, l'a rendu sacré et inviolable et a amené au foyer domestique des douceurs et des consolations que la famille des temps anciens n'a jamais connues?

La propriété n'est pas moins nécessaire. — Sans le principe de pro-priété, il n'y aurait point d'émulation, point de sécurité dans le monde, point d'avenir pour les familles. L'homme, ne sentant pas l'aiguillon de l'intérêt pour stimuler son esprit et son cœur, resterait inactif dans l'indolence ; au lieu de travailler au progrès social, il frapperait au cœur ce fantôme de civilisation qui l'aurait empêché d'acquérir et de léguer à sa femme, à ses enfants, un toit pour les abriter, une table pour les nourrir. — Eh bien, la propriété! Le sacerdoce l'a établie sur un fondement inébranlable, quand il n'a cessé de prêcher aux hommes, grands et petits, riches et pauvres, les commandements de Dieu sur le Sinaï : *Vous ne prendrez pas le bien de votre prochain, vous ne désirerez rien de ce qui lui appartient.* — Non, de bonne foi, on ne peut s'empê-cher de reconnaître que le clergé catholique est le grand conservateur de ces trois principes d'ordre et de civilisation dans le monde : la religion, la famille, la propriété.

A quoi bon le clergé, dites-vous ?

Le clergé est la *lumière du monde*.

Le Maître l'a dit: *Vos estis lux mundi ;* lumière qui éclaire, qui échauffe, qui féconde et vivifie. Il porte et fait briller partout le flambeau de la vérité afin de réformer les abus, d'enseigner les droits et les devoirs, d'éclairer les ignorants et les âmes dévoyées.

Lumière de l'homme en particulier, il lui apprend la science de la vie, la science du salut éternel, la morale la plus pure et les devoirs qu'il doit pratiquer pour être heureux, même sur cette terre de passage, mais surtout dans la vie à venir; il lui montre le chemin du ciel, qui est aussi le chemin de la vertu et de l'honneur; il le guide avec sûreté et tendresse jusqu'au terme de sa carrière.

Lumière de la société et de la civilisation, il enseigne les vraies théories sociales, il donne aux hommes intelligents l'idée et le modèle de la plus parfaite des constitutions, il nous offre le type primordial de cette organisation qui est nécessaire pour la paix du monde.

Après tant d'essais infructueux des divers systèmes politiques, on devrait comprendre enfin qu'il faut étudier, à la lumière du christianisme, les grands problèmes sociaux; là est la vraie solution; la libre-pensée nous a conduits aux abîmes. Tant que notre civilisation moderne persistera à fermer les yeux à cette lumière céleste que lui présente le clergé, elle continuera de s'agiter dans les convulsions révolutionnaires, devant les menaces de l'avenir. Le sacerdoce catholique nous donne à tous les meilleures *leçons de subordination et d'amour réciproque*, les meilleures *théories sur la liberté et l'autorité*, ces deux puissances qui se disputent l'empire, le plus *parfait modèle* d'organisation sociale dans la hiérarchie de l'Eglise.

Oui, le clergé est la *lumière du monde*. C'est lui qui, gardien autrefois des sciences même profanes, les sauva des injures du temps, les préserva des siècles de barbarie et d'ignorance, les conserva comme un dépôt sacré dans ses monastères. Poètes, orateurs, historiens, brillants génies des premiers âges, si vous faites l'admiration et les délices de l'homme éclairé, on le doit au clergé catholique. C'est lui qui aujourd'hui encore, par ses séminaires, par ses universités, par l'enseignement béni de nos chers frères, par leurs nombreuses écoles, par tous les organes de l'instruction religieuse, répand chaque jour et propage partout les connaissances les plus utiles et les saines doctrines. Que vous dirai-je?

Voyez l'homme venant en ce monde. Il ne sait d'où il vient, ni où il va, ni quelle route il doit prendre. Le prêtre l'éclaire, le prêtre est là qui le prend par la main, lui montre le ciel où est son véritable père, le ciel où il doit retourner un jour, lui indique la route du salut et marche avec lui. Ce que le prêtre fait pour l'homme en particulier, il le fait pour les nations sauvages qu'il civilise tous les jours, au prix de son sang et de sa vie, dans les missions évangéliques; il l'a fait pour le genre humain tout entier, ce grand aveugle qui s'était égaré il y a dix-huit siècles, égaré et perdu dans les erreurs les plus grossières et les plus avilissantes. Jésus-Christ parut alors; le prêtre, cet autre Christ, devint la lumière du monde.

L'univers peut-il se passer de la lumière du soleil? Comment donc le monde moral se passerait-il des splendeurs de la vérité?

Et l'on ose dire : *A quoi bon le prêtre? à quoi bon le clergé catholique?* Non-seulement il apporte avec lui les dons célestes de la *vérité* et de la *grâce* divine, mais il répand la *charité* dans tous les cœurs; non-seulement il est la lumière du monde et le conservateur de tous les bons principes, qui maintiennent la société sur ses bases ; mais il est le *bien-faiteur universel*, il est l'intermédiaire divin entre toutes les classes sociales. Parmi tant de bonnes œuvres qui se font dans les grandes villes, en province, et dans l'univers entier, en faveur de l'humanité souffrante, en est-il une seule dont le clergé ne soit l'inspirateur, ou le fondateur, ou le propagateur et le soutien ? Œuvres admirables de charité, de bienfaisance, de piété, pour le soulagement de toutes les misères qui nous affligent, dans le corps ou dans l'âme. Est-il une seule classe d'hommes qui ne soit redevable d'un bienfait quelconque au sacerdoce catholique ? Il prodigue de tous côtés, aux enfants ses soins les plus tendres, aux vieillards des paroles d'encouragement et de salut, aux ignorants la science, aux affligés de douces consolations, aux pauvres les aumônes du riche, aux riches les bénédictions du pauvre, aux pécheurs la grâce du pardon, à tous les infortunés fils d'Adam le pain qui nourrit l'âme.

Parcourez les villes et les campagnes, demandez quel fut le fondateur de toutes ces institutions si utiles à l'humanité, à l'enfant qui vient de naître, à la vieillesse qui incline vers la tombe ; on vous nommera un prêtre. Demandez qui a donné le pain qu'on mange dans la chaumière du pauvre, c'est un prêtre ou une personne dont le zèle a été excité par un prêtre. Demandez quel est cet ange consolateur qui porte un baume de douceur et d'espérance au chevet du malade abandonné, dans le cachot du prisonnier, dans le sein d'une famille en pleurs ; toujours le prêtre. Parcourez toutes les misères spirituelles et corporelles, vous n'en trouverez pas une que le prêtre ne soulage tous les jours.— Et les impies demandent : A quoi bon les prêtres ? Hommes insensés ou méchants, n'en faut-il pas pour guérir les plaies mortelles que vous faites à la société par vos doctrines perverses, par vos journaux de pestilence, par vos tristes exemples ? N'en faut-il pas pour guérir votre propre cœur, pour purifier et blanchir votre conscience, avant que vous alliez paraître devant Dieu ?

Le prêtre est le *grand bienfaiteur de l'humanité*, comme il en est la *lumière* vive et vivifiante, comme il est le soutien et le premier *conservateur* de la civilisation. Et cependant, tout l'enfer est déchaîné contre lui ; le monde conspire avec l'esprit de ténèbres ; les persécutions raffinées et savantes, ainsi que les sanglants outrages, sont à l'ordre du jour. Pourquoi cela ? Ah ! Jésus-Christ nous l'a prédit ; le disciple n'est pas plus que le maître ; le maître a été persécuté, on nous persécute ; il a été méprisé, on nous méprise ; il a été calomnié, on nous calomnie.

Cela prouve du moins que le clergé est toujours fidèle à son devoir, fidèle à une religion qui réprouve et combat sans cesse les passions et tous les désordres que le démon excite dans le monde. Il combat le mal, et l'esprit du mal combat contre lui.

Nous avons vu à quoi sert le sacerdoce catholique dans le monde, *aux yeux de la raison ;* considérons sa dignité dans l'Eglise.

III

DIGNITÉ ET GRANDEUR DU SACERDOCE DANS L'ÉGLISE, AUX YEUX DE LA FOI.

Sans doute, *dans sa vie privée*, le prêtre est comme tout autre homme, faible et faillible, exposé à mille tentations, sujet à mille maux, faillible comme vous, aussi excusable que vous; rien d'humain ne lui est étranger. Mais quand la religion, le prenant par la main, le fait entrer dans sa vie publique et sacrée; quand elle le tire de la foule, pour l'élever sur les marches de l'autel, en chaire au-dessus de vos têtes, dans les diverses fonctions du saint ministère; ce n'est plus un mortel obscur; portez plus haut vos regards; c'est un autre Jésus-Christ, *sacerdos alter Christus*. Comme l'a dit un fameux impie, que j'ai connu personnellement, et qui n'avait pu perdre la foi : *Sacerdos, sacra dos, sacra dans, sacra docens;* le prêtre est un présent du ciel, *sacra dos;* un bienfaiteur divin, *sacra dans;* un docteur sacré, *sacra docens.*

Un prince de l'antiquité demandait à un philosophe ce que c'est que Dieu. Pour répondre le philosophe prit trois mois de réflexion ; au bout des trois mois : Prince, dit-il, Dieu est un abîme. Après trois autres mois : Prince, Dieu est un abîme infini. Trois mois encore : Prince, Dieu est un abîme infini de perfections infinies. — J'ai médité le sacerdoce, et je puis vous dire de même : Le sacerdoce est un abîme de grandeur.

Considérez *son origine :* il vient de Dieu, mais comment? Pour créer le monde, un mot du Tout-Puissant a suffi, *fiat lux et facta est lux.* Pour racheter le genre humain, une larme et une souffrance de l'Homme-Dieu était suffisante, puisque chaque action du Sauveur avait un prix infini. Mais pour établir le sacerdoce, il fallait une victime, un sacrifice, tout le sang de l'Homme-Dieu.

Otez le Calvaire, vous ôtez l'autel, et le sacrifice, et le sacerdoce.

C'est donc véritablement dans un sang divin que le sacerdoce a pris naissance, *generationem ejus quis enarrabit ?*

De plus, Notre-Seigneur Jésus-Christ a employé pour cette grande institution les termes les plus solennels. « Toute puissance, dit-il, m'a « été donnée au ciel et sur la terre; allez et enseignez tous les peuples, « les baptisant au nom du Père, du Fils et du Saint-Esprit; je suis avec « vous jusqu'à la consommation des siècles » (S. Matt., 28). « Comme « mon Père m'a envoyé, je vous envoie; recevez le Saint-Esprit; « ceux dont vous remettrez les péchés, ils leur seront remis; et ceux « dont vous les retiendrez, ils leur seront retenus » (S. Jean, 20). « Faites ceci en mémoire de moi » (S. L, 12). Qui vous reçoit me reçoit « moi-même et reçoit mon Père qui m'a envoyé » (S. Matt., 10, 40). *Celui qui vous écoute m'écoute; celui qui vous méprise me méprise.* — Voilà une mission bien explicite et bien formelle. Ce n'est donc pas de lui-même, ni de ses talents, ni de sa naissance, que le prêtre tient ses pouvoirs, ni d'aucun gouvernement terrestre; ses pouvoirs lui viennent de N. S. Jésus-Christ, par l'intermédiaire de l'Église. Il est vraiment le ministre du Christ, *minister Christi* (Col. 1), l'homme de Dieu, *homo Dei* (Tim., 6), dit saint Paul. Quelle sublime *origine!*

Considérez son objet, la *mission finale* du sacerdoce. Le prêtre est chargé de continuer l'œuvre du Sauveur; sa mission, comme celle de Jésus-Christ, se résume en ces deux mots : *gloire à Dieu au plus haut des cieux, et sur la terre paix aux hommes de bonne volonté* (S. L., 2). Faire connaître, aimer et servir Dieu, travailler au salut des âmes et au bonheur de l'humanité, relever l'homme de sa chute primitive et de ses fautes journalières, lui montrer le chemin du ciel, multiplier ici-bas les enfants de la cité sainte pour accroître, là-haut, le nombre des élus, ruiner l'empire du péché et du démon pour étendre le règne de l'Homme-Dieu et de la vertu, dans la société entière; tel est le but que poursuit le sacerdoce catholique; voilà la fin du ministère sacré dont nous sommes chargés. Qu'elle est belle, s'écrie saint Bonaventure, qu'elle est vénérable la puissance du prêtre, *O præclara, o reverenda potestas !*

En effet, où trouverait-on un but plus élevé, une fin plus noble? Qu'ils sont petits, en comparaison, les services et les emplois du monde, dans l'industrie ou la magistrature, dans la politique ou dans l'armée, dans les sciences même !

Et si honorables que soient ces services, si importants que soient les intérêts qui s'y rattachent, n'est-il pas vrai qu'ils sont en réalité peu de chose, auprès du ministère auguste que le prêtre remplit, et auprès des intérêts éternels qu'il représente?

Maintenant considérons le prêtre dans ses *fonctions sacrées.* — Au tribunal de la pénitence, je vois le prêtre tenant dans ses mains les clefs du royaume des cieux ; il ouvre aux âmes justes, aux pécheurs repentants ; il ferme la porte de la félicité éternelle aux cœurs endurcis; quel pouvoir divin! Je vois accourir au saint tribunal, à cette piscine salutaire remuée par l'ange du Seigneur, toutes sortes de malades spirituels qui en sortent purifiés et guéris, *Cæci vident, claudi ambulant, leprosi mandantur.* (Matth., XI, 5).

Au saint autel, nouveau prodige! Le prêtre prononce des paroles sacrées, les paroles ineffables que le Fils de Dieu a mises dans sa bouche, le *fiat* de la toute-puissance; et le pain n'est plus du pain ; c'est la manne du ciel, c'est Dieu incarné de nouveau et descendu parmi nous; c'est Dieu même qu'il tient dans ses mains et que tout le monde adore.

En chaire, la parole qu'il fait entendre n'est pas une parole humaine, mais une parole divine qui éclaire les esprits des rayons de la vérité, qui embrase les cœurs d'amour pour la vertu, pénètre jusqu'aux derniers replis des consciences, *pertingens usque ad divisionem animæ et spiritûs.* (Hébr., IV, 12).

Voyez le prêtre auprès du lit d'un mourant; il lui impose les mains, il présente à son dernier baiser la croix consolante du Dieu Sauveur, il lui donne avec l'extrême-onction, avec le saint viatique, des lettres de recommandation pour l'éternité; et puis, il lui dit : *Au nom de l'adorable Trinité, au nom du Père qui vous a créé, au nom du Fils qui vous a racheté, et du Saint-Esprit qui vous a sanctifié, partez, âme chrétienne, montez au ciel, âme innocente et pure, entrez dans la société des élus.*

Qui assistera le condamné à mort, lui que la terre repousse et qui doit être pour le ciel un objet d'horreur? L'infortuné! tout l'abandonne, et ses iniquités se dressent devant lui. Faites venir le plus jeune des prêtres; il prendra dans ses mains sacerdotales les mains de ce criminel encore souillées de sang, il les arrosera de ses larmes, il collera son cœur pur et compatissant sur ce cœur consolé; et au moment terrible, il dira : *Mon fils, Dieu vous pardonne; montez, montez au ciel.* Et le ciel ne pourra refuser celui que la terre repousse et que le prêtre lui envoie.

Tel est le prêtre, dans l'Église et aux yeux de la foi; il est un autre Jésus-Christ; avec Jésus-Christ, il est *médiateur* entre l'homme et Dieu, il purifie les âmes par l'absolution sacramentelle, il apaise la justice divine par un sacrifice d'un prix infini. Avec Jésus-Christ, il est *docteur* des grands et du peuple, à qui il enseigne toutes les vérités du salut. Avec Jésus-Christ, il est *sanctificateur*, il est *consolateur*, il est *bienfaiteur* toujours et partout. Oui, voilà bien le prêtre, ministre et coopérateur de Jésus-Christ pour la gloire de Dieu, pour le salut de tous. Ainsi que saint Paul l'a dit de la piété, le ministère sacerdotal est utile à tout, *pietas ad omnia utilis est* (Timothée, 4, 8).

Quelle langue humaine pourrait dire la dignité du sacerdoce, la grandeur du prêtre, *aux yeux de la foi?*

Il était grand le premier homme que Dieu avait établi roi de l'univers; il était grand Moïse qui d'un mot séparait les eaux de la mer, pour sauver tout un peuple; il était grand Josué qui disait au soleil : *Arrête-toi,* et le soleil s'arrêtait. Ils sont grands les rois de la terre qui, avec leurs armées, font trembler le monde... Eh bien, il est un homme plus grand encore, un homme qui tous les jours ouvre les portes du ciel, un homme qui, s'adressant au Fils de l'Éternel, lui dit : *Descendez de votre trône, venez parmi nous;* et, docile à cette voix, il vient, le Verbe de Dieu, le Tout-Puissant, celui par qui tout a été fait, il quitte le séjour de sa gloire, il vient sur l'autel s'incarner dans les mains de cet homme. Cet homme, c'est le prêtre, tout-puissant au ciel, tout-puissant sur la terre, dans *l'ordre surnaturel.* — Qu'une âme icibas soit tombée par le péché dans les liens du démon, les anges ne pourront la délivrer; Marie, la mère de Dieu, pourra prier pour cette âme infortunée, mais ne pourra l'absoudre; le prêtre dit... et les liens se brisent; il dit : *Je vous absous;* et le péché est effacé pour jamais.

O dignité vénérable du sacerdoce catholique! je ne m'étonne plus d'entendre le Seigneur suprême donner au monde cet avertissement: *Gardez-vous de toucher aux oints du Seigneur; celui qui les touche, me touche à la prunelle de l'œil* (Zach., II, 8). Je ne m'étonne plus de voir, au concile de Nicée, le maître du monde, l'empereur Constantin, ne vouloir occuper que la dernière place, après tous les prêtres, et refuser de s'asseoir avant d'avoir obtenu la permission. Je ne m'étonne plus de cette parole si remarquable de saint François d'Assise : « *Si je rencontrais ensemble un ange et un prêtre, je fléchirais d'abord le genou devant le prêtre et ensuite devant l'ange.*

Quel profond respect toutes ces considérations doivent nous inspirer ! Reconnaissons la grandeur et la dignité du sacerdoce, dans les *fonctions augustes* qu'il doit remplir, dans la *mission divine* qu'il a reçue du ciel pour continuer l'œuvre de Jésus-Christ, en travaillant à la gloire de Dieu et au salut de l'humanité.

Il résulte de ce que nous venons de dire que l'impiété, *sous le nom de libre-pensée*, a grandement tort de poursuivre le clergé, comme elle le fait de mille manières, dans la presse, dans les journaux, à la tribune, dans ses romans, dans ses clubs, au théâtre, quelquefois jusque dans l'enseignement officiel. Il en résulte que le sacerdoce, aux yeux de la raison et de la foi, aux yeux même de la libre-pensée si elle voulait être sincère, mérite toutes sortes de respects, les hommages du cœur, estime, affection, et les hommages extérieurs d'une filiale confiance.

Car le prêtre est l'homme vraiment utile au monde, par ses *bienfaits*, par ses *lumières*, par son action sociale, éminemment *conservatrice;* il est l'homme du peuple, il est l'homme de Dieu, médiateur entre le ciel et la terre, revêtu d'une dignité sublime; et alors même que l'humaine faiblesse quelquefois se décèlerait en lui, nous devons toujours honorer son caractère sacré. Avec son saint habit il porte un *titre de noblesse*, qui lui donne accès dans les rangs les plus élevés et vers toutes les classes de la société. Malheur à qui offense le représentant de Notre-Seigneur Jésus-Christ! ...

Honneur à celui qui l'accueille avec respect.

Heureux le peuple qui l'acclame, en disant du fond du cœur : *Hosanna, Benedictus qui venit in nomine Domini!*

Pour conclusion finale, disons avec un vrai philosophe : Le prêtre a reçu dans sa consécration *un titre de noblesse et de popularité* qui doit le faire accueillir partout avec bonheur.

6314. — Imprimerie Ch. Noblet, 13, rue Cujas, Paris.

OUVRAGES

DU MÊME AUTEUR :

qui se trouvent chez M. HATON et les principaux libraires.

1º **Bienfaits de l'église et de la papauté**, conférences et lectures, broch. in-8º . . . . 1 fr. 50

2º **Appel du clergé** au tribunal de l'opinion publique, broch. in-8º. » 50

3º **Panégyrique de Saint-Vincent-de-Paul**, avec un cantique à son honneur, in-8º . . . . » 50

4º **Les trois vertus essentielles** de l'homme, du chrétien, du citoyen, in-8º. » 50

5º **Discours sur la bonne éducation** de la jeunesse, in-8º . . . » 50

6º **Quelques discours académiques**, dans les distributions de prix, in-8º . . . . » 75

7º **Rosalba, ou la Petite Mendiante**, drame pour pensions de demoiselles. 1

POUR PARAITRE PROCHAINEMENT

DU MÊME AUTEUR :

Dieu, Jésus-Christ, l'Église, etc. . . . .

La Messagère céleste, etc. . . . .

Lumen in cœlo. . . . .

Les trois dévotions essentielles du Chrétien, etc. . . . .